최무선

최무선

김종렬 글 이경석 그림

비룡소

고려의 수도인 개경의 저잣거리에 흉흉한 소문이 돌았어요.

"경상도에 왜구가 들어왔다면서?"

"한동안 잠잠한가 싶더니……. 마을을 죄다 불태우고 사람들을 붙잡아 갔다는군."

고려 말에 왜구는 큰 골칫거리였어요. 일본의 해적인 왜구는 툭하면 우리나라의 바닷가 마을을 습격해, 재물을 빼앗고 사람들을 해쳤지요.

왜구가 우리나라에서 해적질을 한 것은 삼국 시대부터예요. 하지만 고려 말에는 그 정도가 더욱 심해졌지요.
왜구는 한번에 백 척도 넘는 배를 끌고 우리나라로 쳐들어왔어요. 그러고는 수천 명씩 무리를 지어 다니며 노략질을 했지요. 왕의 무덤을 파헤쳐 도둑질하고, 우리 백성들을 잡아다 노예로 팔아넘기기도 했어요.

최무선은 아버지가 광흥창의 관리였던 터라 어릴 때부터 왜구의 해적질이 얼마나 끔찍한지 잘 알고 있었어요.

광흥창은 세금을 걷어 관리들에게 봉급을 나누어 주는 관청이에요. 각 지방에서 세금으로 거두어들인 곡식과 값나가는 물건들을 배에 실어 개경으로 운반하는 것은 광흥창의 중요한 일이었지요. 그런데 왜구가 자주 이 배를 노렸어요.

물건을 실은 배가 왜구에게 약탈당할 때마다 최무선의 아버지는 밤잠을 이루지 못했어요. 그런 아버지를 보면서 최무선은 반드시 우리나라에서 왜구를 몰아내겠다고 결심했지요.

최무선은 고려의 군기감 관리였어요. 군기감은 전쟁에서 쓰는 무기, 깃발, 갑옷을 만드는 관청이에요. 최무선은 군기감에서 일하는 틈틈이 화약 만드는 법을 연구했어요. 화약이 있으면 왜구를 쉽게 물리칠 거라고 생각했거든요.

최무선이 처음 화약에 관심을 가진 것은 아직 어릴 때의 일이에요. 경상도 영주(지금의 경상북도 영천)에서 태어난 최무선은 아버지가 벼슬자리에 나가면서 개경에서 살게 되었어요.

당시 개경에서는 매년 정월(음력 일월)마다 새해를 축하하는 불꽃놀이를 했어요. 밤하늘을 알록달록하게 장식하는 불꽃놀이는 큰 인기였지요.

최무선도 아버지를 따라 불꽃놀이 구경을 갔어요. 따악 소리와 함께 하늘로 올라간 불꽃이 밤하늘을 화려하게 수놓고는 흔적도 없이 사라졌어요. 최무선은 불꽃에서 한참 동안 눈을 떼지 못했어요.

"아버지, 불꽃은 어떻게 만드는 거예요?"

넋을 잃고 밤하늘을 올려다보던 최무선이 물었어요.

"불꽃은 화약으로 만든단다."

"화약이요? 그게 뭐예요?"

어린 아들의 또랑또랑한 눈빛에 아버지는 너털웃음을 지었어요.

"화약은 불꽃놀이에도 쓰고, 무서운 무기를 만드는 데도 쓰지. 화약으로 만든 무기는 커다란 배도 단번에 불태울 수 있다더구나."

아버지의 말에 최무선은 눈을 동그랗게 떴어요.

"우아, 그게 정말이에요? 그럼 화약만 있으면 왜구도 물리칠 수 있겠네요."

아버지는 고개를 가로저었어요.

"우리나라에는 무기를 만들 만큼 화약이 많지 않단다. 화약을 만들 수 있는 나라는 원나라뿐인데, 원나라는 화약을 아주 조금씩밖에 팔지 않아. 화약 만드는 방법도 알려 주지 않고."

최무선은 고개를 갸웃거렸어요.

"왜 화약 만드는 법을 알려 주지 않는 거예요?"

"원나라가 강한 것은 화약 무기 덕분이거든. 그래서 다른 나라에 화약 만드는 법을 절대로 알려 주지 않는단다."

최무선은 예쁜 불꽃 뒤에 그런 놀라운 힘이 숨어 있다는 데 깜짝 놀랐어요.

그날 이후 최무선은 한시도 화약을 잊은 적이 없었어요. 어서 빨리 화약을 만들어서 왜구를 물리치고 싶은 마음뿐이었지요.

최무선은 왜구가 육지에 올라오기 전에 없애야 한다고 생각했어요. 그러려면 반드시 화약 무기가 있어야 했지요. 하지만 군기감의 다른 관리들은 화약에 관심이 전혀 없었어요.

"화약이 필요하면 원나라에서 사다 쓰면 되는데, 무엇하러 고생을 한단 말인가. 원나라에서 화약 만드는 법을 순순히 알려 줄 리도 없는데."

 군기감의 높은 관리들은 최무선에게 괜한 일 벌이지 말라며 오히려 화를 냈어요.
 '후, 군기감에서라면 화약을 만들 수 있을 줄 알았건만, 화약은커녕 허송세월만 하고 있구나.'
 최무선은 한숨을 쉬었어요.

그러는 동안에도 왜구는 계속 쳐들어왔어요. 원래 왜구는 경상도와 전라도의 바닷가 근처에서 해적질을 했어요. 일본에서 가까워 배를 타고 오기 좋은 데다, 곡식이 많이 나는 곳이었기 때문이지요.

하지만 언젠가부터 왜구는 점점 육지 깊숙이 쳐들어오기 시작했어요. 전라도가 쑥대밭이 되었다는 소리가 들리는가 싶더니, 곧 양광도(지금의 경기도)마저 왜구에 당했어요. 나중에는 개경 근처까지 왜구가 몰려왔지요.

"왜구들이 개경을 넘보려 하는데 대신들은 대체 무얼 하고 있단 말인가!"

발등에 불이 떨어진 고려 조정은 그제야 부랴부랴 군사를 보냈어요. 하지만 무섭게 날뛰는 왜구를 막기는 힘들었지요.

"어서 화약 만드는 법을 알아내야 해! 나라에서 하지 않는다면, 나 혼자라도 해야겠어."

최무선은 군기감 일을 마치고 나면 오로지 화약을 만들 궁리뿐이었어요. 하지만 화약 만드는 법을 알아내기는 쉽지 않았지요. 군기감에 있는 책을 모두 뒤졌지만, 화약에 대해 쓴 책은 한 권도 없었어요. 그래도 최무선은 포기하지 않았어요.

오랜 노력 끝에 최무선은 초석과 버드나무 숯과 유황을 섞어 화약을 만든다는 것을 알아냈어요. 하지만 각 원료들을 얼마나 넣어야 하는지, 원료들을 어디서 어떻게 구해야 하는지를 몰랐지요.

특히 초석이 문제였어요. 화약을 만드는 재료 중 버드나무 숯과 유황은 쉽게 구할 수 있었어요. 하지만 가장 중요한 원료인 초석은 만들기가 어려웠지요. 최무선은 다시 깊은 고민에 빠졌어요.

초석은 주로 동물의 시체나 배설물에서 생겼어요. 하지만 때때로 비가 오고 난 뒤 햇볕에 의해 흙과 공기 중의 각종 물질이 섞여 만들어지기도 했어요. 최무선은 여기서 실마리를 찾았어요.

최무선은 하인들을 시켜 마당에 화덕을 만들고 가마솥을 걸었어요. 그러고는 여러 곳의 흙을 가져다 물과 함께 넣고 끓였지요. 하지만 가마솥 바닥에 남은 것은 타고 남은 흙 찌꺼기뿐이었어요.

"이번에도 실패로구나……."

그래도 최무선은 실망하지 않았어요. 처음 시작할 때부터 초석 만드는 법을 쉽게 알아낼 수 있을 거라고는 생각하지 않았으니까요. 실패가 반복될수록 오히려 최무선은 각오를 다졌어요.

하루는 최무선이 하인들에게 마루 밑의 흙을 모아 오게 했어요.

"나리, 쓸모없는 마루 밑의 흙을 무엇에 쓰려고 그러십니까?"

영문을 모르는 하인들은 최무선을 이상한 눈으로 힐끔거렸어요.

"마루 밑에 있는 흙은 티끌이나 먼지가 쌓여 보통 흙과는 성질이 다르다. 이번에는 그 흙으로 초석 실험을 해 보려 하니 서둘러라."

 최무선은 마루 밑에서 긁어 온 흙을 가마솥에 넣고 아궁이에 장작을 땠어요. 그러고는 한참 뒤, 떨리는 마음으로 뚜껑을 열어 보았지요. 하지만 역시 초석으로 보이는 것은 없었어요.

최무선은 낮에는 군기감에서 일하고, 밤에는 집에서 초석 실험을 계속했어요.

초석을 만들기 위해 최무선은 안 해 본 일이 없었어요. 가마솥에 물을 많이 넣고 끓이기도 하고, 물을 조금만 넣고 끓이기도 했어요. 짧은 시간 동안 불을 세게 때 보기도 하고, 약한 불로 오랫동안 끓여 보기도 했고요. 흙에 나뭇재 같은 다른 재료들을 섞어서 끓여 보기도 했어요. 하지만 실험은 번번이 실패로 끝났지요.

날이 가고 달이 기울고 해가 바뀌었어요.
"어떻게 해야 초석을 만들 수 있을까? 아무리 해도 답을 찾을 수가 없구나!"

거듭되는 실패에 지칠 법도 한데, 최무선은 힘든 줄을 몰랐어요. 최무선의 머릿속에는 오로지 화약을 만들겠다는 생각뿐이었거든요.

하인들은 틈만 나면 모여 입방아를 찧어 댔어요. 날마다 마을을 돌아다니며 마루 밑에서 흙을 구해 오는 게 여간 성가시지 않았으니까요.

"아무래도 나리 정신이 이상해지신 것 같아."

"나리께서 화약 만드는 일에 저토록 매달리는 이유를 모르겠어. 흙으로 화약을 만든다니, 얼토당토아니한 소리 아닌가."

마을 사람들도 최무선을 손가락질했어요.

"멀쩡하던 양반이 갑자기 왜 저런대? 참 안됐지 뭐야."

하지만 최무선의 귀에는 하인들과 마을 사람들의 수군거림도 들리지 않았어요.

최무선이 초석 만드는 일로 씨름하는 동안, 중국에서는 큰 난리가 일어났어요. 원나라의 힘이 약해진 틈을 타, 도둑의 무리인 홍건적이 반란을 일으킨 거예요.

홍건적은 무서운 기세로 원나라를 혼란에 빠뜨렸어요. 그러고는 고려로 쳐들어왔어요.

"우리는 원나라를 몰아내고 새로운 나라를 세울 것이다. 우리를 돕지 않고 원나라를 편든다면, 고려도 가만두지 않겠다!"

 1359년과 1361년, 홍건적이 엄청난 군사를 이끌고 압록강을 넘어왔어요. 그 기세가 어찌나 사나웠던지, 고려 왕은 개경을 버리고 남쪽으로 피난을 떠나야 했어요. 그사이 홍건적은 개경에 들어와 온갖 잔인하고 포악한 짓을 저질렀지요.

최무선의 마음은 천 갈래 만 갈래로 찢어졌어요. 왜구에게 고통 당하고, 홍건적에게 짓밟힌 고려 백성들의 삶은 차마 눈뜨고 볼 수 없는 지경이었지요.
　"참으로 애통하구나! 화약만 있었다면 우리 백성들이 이리 억울하게 죽지는 않았을 텐데……."

하지만 고려 대신들은 여전히 딴소리였어요.

"화약이라니? 정신 나간 소리 그만두시오! 화약은 원나라가 아니면 만들지 못하는 걸 모른단 말이오?"

"맞소! 고려군은 화약 없이도 홍건적을 물리쳤소. 전쟁에서 이기기 위해서는 용감한 장수와 날카로운 칼만 있으면 충분하오!"

최무선은 한숨을 쉬었어요. 홍건적의 침입 때 왕이 피난을 가는 창피를 당하고도, 고려 대신들은 조금도 달라지지 않았던 거예요.

그러던 어느 날, 최무선은 가마솥 바닥에서 하얀 가루를 발견했어요.

"혹시 이 가루가 초석이 아닐까?"

최무선은 서둘러 하얀 가루에 버드나무 숯과 유황을 섞어 불을 붙였어요. 그러자 작은 불꽃이 부지직 타올랐지요. 불은 금방 꺼졌지만 최무선은 작은 희망을 본 것 같았어요.

"이 하얀 가루가 초석이 분명해!"

하지만 기쁨은 오래가지 못했어요. 최무선은 아직 초석 만드는 방법을 확실히 알지 못했으니까요. 게다가 화약을 만들기 위해서는 훨씬 질 좋은 초석이 필요했지요.

"이대로는 안 되겠어. 초석 만드는 법을 아는 사람을 찾아봐야겠어!"

생각이 여기에 미치자 최무선은 가만히 앉아 있을 수 없었어요.

"예성강 하류에 있는 벽란도는 원나라 사람들이 많이 오가는 곳이야. 벽란도에 가면 틀림없이 초석 만드는 법을 아는 사람을 찾을 수 있을 거야!"

벽란도는 크고 작은 배들이 수없이 드나드는 항구였어요. 개경 가까이에 있어 외국 상인들과 사신들도 많이 오갔지요.

최무선은 배에서 내린 사람들을 붙잡고 무작정 물었어요.

"혹 대인께서는 화약 만드는 법을 아십니까?"

사람들은 최무선의 돌연한 질문에 놀라 얼굴을 찌푸렸어요.

친절하게 대답해 주는 사람도 있었지만, 벌컥 화를 내는 사람들도 많았지요.

"나는 화약을 만들어 본 일도 없거니와, 알고 있다 해도 고려 사람에게는 알려 줄 수 없소!"

최무선도 원나라에서 화약 만드는 법을 철저히 비밀에 부치고 있다는 걸 알고 있었어요. 그래도 포기할 수는 없었어요. 비바람이 몰아치고 찬 서리가 내리는 날에도 최무선은 벽란도에 나가기를 멈추지 않았지요.

그렇게 몇 해가 흘렀어요. 벽란도에 드나드는 사람들 중에는 최무선을 모르는 이가 없었어요.

사람들은 최무선을 손가락질하며 혀를 찼어요.

"미친 사람이 분명해. 그렇지 않고서야 어찌 날마다 사람들을 붙잡고 저렇게 화약 타령을 하겠어?"

어느 날, 원나라 상인 한 명이 최무선에게 다가와 말했어요.

"보름 후에 이원이라는 사람이 벽란도로 올 것이오. 그가 한때 화약 만드는 곳에서 일했다고 하니, 이야기를 나누어 보면 도움이 될지 모르겠소."

최무선은 눈이 번쩍 뜨이는 것 같았어요. 화약 만드는 곳에서 일한 사람이라면 초석과 화약 만드는 법을 알고 있을 게 분명했으니까요.

"귀한 이야기를 들려주셔서 고맙습니다. 이 은혜를 어떻게 갚아야 할지……."

"은혜라 할 게 뭐 있겠소. 다만 이원이 화약 만드는 법을 호락호락하게 알려 주지는 않을 테니, 너무 기대는 마시오."

상인이 걱정스러운 표정으로 말했어요. 하지만 최무선은 화약 기술자를 만날 수 있다는 것만으로도 가슴이 벅차올랐어요.

이원이 벽란도에 도착하는 날, 최무선은 이른 아침부터 나루터에 나가 배가 닿기만을 기다렸어요. 한낮이 지나자 커다란 배 한 척이 들어왔어요. 최무선은 나루터를 빠져나오는 사람들을 찬찬히 살폈지요. 잠시 후 상인이 알려 준 생김새의 사람이 걸어 나왔어요.

최무선은 한달음에 달려가 정중하게 말했어요.
"혹 원나라에서 온 이원이란 분이 아니신지요?"
"그대는 누구인데 내 이름을 알고 있소?"
이원이 깜짝 놀라 물었어요.
"저는 최무선이라고 합니다. 대인께 배우고자 하는 바가 있어 기다리고 있었습니다. 괜찮다면 저희 집에 모시고 싶습니다."
최무선의 공손한 태도에 이원은 고개를 끄덕였어요.

최무선은 이원을 극진히 대접했어요. 잠자리며 먹을거리며 한 치의 불편함이 없도록 꼼꼼히 살폈지요.

어느덧 시간이 흘러 이원이 고려를 떠날 날이 다가왔어요. 최무선은 이원과 밤늦도록 이야기를 나누었어요. 이원이 불쑥 물었지요.

"최공께 궁금한 것이 있소. 날마다 가마솥에 장작불을 지피던데, 대체 무엇을 하는 것이오?"

최무선은 기회는 이때다 싶어 화약 이야기를 꺼냈어요.

"화약을 만들기 위한 실험을 하는 것입니다. 벌써 수년간 노력했으나 아무런 성과가 없어 답답해하고 있답니다."

"화약이라고 하셨소?"

이원이 깜짝 놀라 두 눈을 치켜뜨며 물었어요.

"대인께서 화약 만드는 데서 일한 적이 있다고 들었습니다. 제발 제게 화약 만드는 법을 가르쳐 주십시오."

"무슨 소리요? 나는 화약 만드는 법 같은 건 모르오!"

이원의 표정이 싸늘하게 굳었어요.

"많은 고려 백성이 왜구와 홍건적에게 억울하게 목숨을 잃었습니다. 화약을 만들어 왜구를 물리치고 나라와 백성을 지키고 싶습니다."

최무선의 이야기를 잠자코 들은 이원은 괴로운 듯이 말했어요.

화약! 화약!

화약이 안 되면 초석이라도······

"화약 만드는 법은 절대 다른 나라에 들어가서는 안 되는 원나라의 중요한 비밀이오. 화약 만드는 법을 말했다가는 내가 살아남을 수 없소."

최무선은 다시 한번 간절히 부탁했어요.

"고려가 왜구를 막지 못한다면 장차 원나라에도 문제가 될 것입니다. 대인께서 화약 만드는 방법을 알려 주신다면 고려의 백성뿐만 아니라 원나라의 백성들도 살리는 것입니다. 부디 제 마음을 헤아려 주십시오."

제발 이제 그만!

이원은 한참 동안 최무선을 지그시 바라보았어요. 최무선의 말과 표정에는 조금의 거짓도 없었어요.

"나라와 백성을 구하고자 하는 최공의 진심을 차마 모르는 척할 수가 없소."

결국 최무선의 열정에 감동한 이원은 초석 만드는 방법을 알려 주었어요.

초석을 만들 수 있게 되자 화약 만드는 일은 순조롭게 진행되었어요. 최무선은 실험에 실험을 거듭한 끝에 초석을 더 쉽게 만들 수 있는 방법도 찾아냈어요.

　우선 오래된 집의 마루나 온돌, 부뚜막에서 모은 흙에 가축의 오줌과 나뭇재를 섞어요. 이것을 비에 젖지 않게 쌓은 다음, 말똥을 덮어 불을 지피면 흰색 이끼가 생겨요. 이 이끼를 모아 가마솥에 넣고 졸이면 거친 상태의 초석이 돼요. 이것을 물에 녹여 잘 거르면 질 좋은 초석을 얻을 수 있었지요.

최무선은 초석과 유황과 버드나무 숯의 양을 각각 다르게 하여 화약을 만들어 보았어요. 그리고 마침내 폭발력이 뛰어난 화약을 완성했지요.

펑펑!

불이 붙은 화약이 엄청난 소리를 내며 터졌어요.

"성공이다! 성공! 이제 고려도 화약을 갖게 되었어!"

최무선의 눈에서 눈물이 주르르 흘러내렸어요. 최무선은 이미 쉰 살을 훌쩍 넘긴 나이였어요. 수년간에 걸친 최무선의 집념과 고집이 화약을 만들어 낸 거예요.

펑

펑

펑

　최무선은 서둘러 도당에 이 사실을 알렸어요. 고려 시대에 도당은 나랏일을 의논하고 결정하는 중요한 관청이었지요.
　"고려도 이제 화약을 만들 수 있으니, 어서 화약 무기를 만드는 관청을 세워야 합니다!"

하지만 도당의 관리들은 최무선을 헐뜯고 모함하기에 바빴어요.
 "화약을 만들다니 가당치도 않은 일이지. 최무선이라는 자가 벼슬자리가 탐나 거짓말을 꾸며 낸 게 틀림없어!"
 최무선은 관원들에게 붙잡혀 가 조사를 받았어요. 아무런 대가도 바라지 않고 평생을 바쳐 화약 만드는 법을 알아냈는데, 오히려 죄인 취급을 당한 거예요.

다행히 최무선에게 죄가 없다는 사실은 금방 밝혀졌어요. 왕은 최무선을 불러 화약의 성능을 선보이게 했지요.

최무선이 화약 심지에 불을 붙이자 곧 요란한 소리와 함께 화약이 터졌어요. 그 모습을 숨죽인 채 지켜보던 왕과 대신들은 너무 놀라 입을 다물지 못했지요.

"이것은 진짜 화약이 아닌가! 그대가 참으로 장한 일을 하였다!"

왕은 크게 기뻐했어요.

최무선을 헐뜯던 대신들은 화약의 놀라운 힘 앞에 기가 죽어 감히 고개를 들지 못했지요.

최무선은 왕에게 화약을 만들고 관리할 관청이 필요하다고 건의했어요. 그 결과, 1377년에 '화통도감'이 세워졌어요. 최무선은 화통도감의 책임자가 되어 더욱 폭발력이 뛰어난 화약을 만드는 데 최선을 다했어요.
　또 최무선은 여러 종류의 화약 무기도 만들었어요. 특히 화포 제작에 열심이었지요.
　"화약을 잘 쓰려면 훌륭한 화포가 있어야 한다!"

　화포란 대포처럼 화약의 힘으로 탄환을 내쏘는 무기를 말해요. 최무선은 쇳물을 녹여 다양한 모양과 크기의 화포를 만들고, 성능을 실험하여 잘못된 점을 고쳐 나갔어요. 최무선의 노력으로 고려는 곧 대장군, 육화석포, 화통 같은 크고 작은 화약 무기들을 갖추게 되었지요.

하지만 최무선은 화약과 화포를 만든 데에서 만족하지 않았어요.

"화포가 발사될 때의 충격을 견딜 수 있는 튼튼한 배가 필요해."

당시 고려의 배는 화포를 싣고 다니기에 불편한 점이 많았어요. 그래서 최무선은 화포를 쏘아도 끄떡없는 튼튼한 배를 새로 만들었어요.

화약과 화포와 새로운 배로 무장한 고려군은 두려울 것이 없었어요.

"왜구 놈들, 어디 나타나기만 해 봐라! 뜨거운 맛을 보여 줄 테니!"

고려군의 사기는 하늘을 찌를 듯했어요.

1380년 여름, 왜구가 오백여 척의 배를 이끌고 진포(금강 하구) 앞바다로 쳐들어왔어요.
　고려 조정은 서둘러 군대를 꾸렸지요.
　"심덕부를 도원수로 삼고 최무선을 부원수로 임명하니, 군대를 이끌고 나아가 왜구를 무찌르도록 하라!"
　최무선은 백여 척의 배에 화약 무기를 가득 싣고 진포 앞바다로 나아갔어요. 그간 왜구에게 당했던 고통을 되갚아 줄 때가 온 거예요. 자신이 발명한 화약과 화포로 왜구를 물리칠 수 있다는 생각에 최무선은 가슴이 두근거렸어요.

진포 앞바다를 휘감은 안개가 걷히자 수백 척의 왜선이 모습을 드러냈어요. 왜구들은 높은 파도에 떠내려가는 것을 막으려고 모든 배를 밧줄로 묶어 두고 있었지요.
　그 모습을 보고 최무선은 슬며시 미소를 지었어요.
　"하늘이 고려를 돕는구나. 왜구의 배가 하나로 묶여 있으니 단숨에 불태울 수 있겠어!"

곧 최무선은 큰 소리로 명령을 내렸어요.
"화약에 불을 붙여라! 왜구를 향해 화포를 쏘아라!"
고려군의 화포가 일제히 불을 뿜었어요. 진포 앞바다는 요란한 폭발 소리와 함께 삽시간에 불바다로 변했어요.

고려에 화약 무기가 있다는 사실을 몰랐던 왜구들은 깜짝 놀랐어요. 눈앞에서 배가 불타는데도 멀뚱히 지켜볼 수밖에 없었지요. 왜구의 배 오백여 척이 순식간에 불에 타 가라앉았어요.

배를 잃은 왜구들은 허겁지겁 육지로 달아났어요. 하지만 곧 이성계 장군이 이끄는 고려군에 모두 붙잡혔지요.

참으로 통쾌한 승리였어요. 최무선은 왜구에게 제대로 본때를 보여 준 것 같아 속이 다 시원했어요.

화약의 무시무시한 힘에 겁을 집어먹은 왜구는 그 뒤 한동안 고려를 넘보지 못했답니다.

왜구를 물리친 공을 인정받아 최무선은 높은 벼슬에 올랐어요. 그래도 최무선은 화약 연구를 게을리하지 않았어요.

'왜구들이 언제 다시 쳐들어올지 몰라. 그때를 대비해 좀 더 좋은 화약과 화약 무기를 개발해야 해!'

하지만 조정 대신들의 생각은 달랐어요. 왜구가 잠잠해지자, 화약이 위험한 무기라며 화통도감을 없애려고 한 거예요.

"나쁜 자들이 화약을 차지한다면 나라에 큰 위협이 될 것이오. 게다가 화약과 화포를 만드는 데 큰돈이 들어 나라 살림이 어렵지 않소!"

최무선은 애타는 심정으로 대신들을 설득했어요.

"화통도감이 없어지면 왜구들이 다시 쳐들어올 것입니다. 새로운 화약 무기를 개발하지는 못할망정 화통도감을 없애자니 당치도 않습니다!"

하지만 최무선의 간절한 설득도 소용없이 1389년, 화통도감은 문을 닫고 말았어요. 이후 고려의 화약 무기 개발은 더 이상 이루어지지 않았지요.

"한 치 앞을 내다보지 못하다니, 참으로 안타깝구나!"

최무선은 한탄했어요.

최무선은 몸과 마음이 모두 지쳤어요. 하지만 아직은 해야 할 일이 있었지요.

"화통도감이 없어졌다고 화약 만드는 방법까지 잊혀서는 안 돼!"

최무선은 그간의 경험을 바탕으로 화약 만드는 법을 자세히 적어 나갔어요. 그것이 자신에게 주어진 마지막 책임이라고 생각하고 최선을 다했어요.

"누구라도 화약을 만들 수 있도록 알아보기 쉽게 써야 해. 언젠가 화약이 나라와 백성을 구하는 데 크게 쓰일 날이 있을 거야."

마침내 최무선은 『화약수련법』과 『화포법』이라는 두 권의 책을 완성했어요.

1395년 4월, 눈이 녹고 봄기운이 움트기 시작하던 어느 날이었어요. 최무선은 아들을 불렀어요.

"해산아, 이 책에는 아비가 평생 동안 걸어온 길이 있단다. 잘 간직했다가 부디 나라와 백성을 위하는 일에 써다오······."

힘겹게 말을 마친 최무선은 꿈꾸듯 평온한 얼굴로 눈을 감았지요.

최무선의 마지막 가는 길은 조용하고 쓸쓸했어요. 하지만 최무선이 평생을 바쳐 만든 화약은 훗날 임진왜란으로 위기에 처한 조선을 구하는 밑거름이 되었어요. 이순신 장군이 지휘하는 조선군은 화약과 화포를 이용해 왜군을 무찌르고 나라를 지켜 냈답니다.

사진으로 보는 최무선 이야기

왜구를 물리친 최무선

　고려 말, 왜구는 큰 골칫거리였어요. 왜구는 일본 쓰시마섬에 근거를 둔 해적으로, 오래전부터 우리나라의 바닷가 마을에서 노략질을 일삼았어요. 지방에서 거두어들인 세금을 개경으로 운반하는 배를 습격하고, 우리 백성들을 잡아 노예로 팔아넘겼지요. 왕의 무덤을 파헤쳐 문화재를 훔쳐가기도 했어요. 공민왕 때에는 왜구에게 강화도까지 약탈당하고 개경을 위협받기도 했지요.

1987년에 만든 최무선의 초상화예요. 허리에 두른 금빛 띠로 높은 관직에 있었다는 것을 나타냈어요.

진포 대첩이 일어났다고 추정되는 금강 하구의 모습이에요. 지금의 충남 서천군과 전북 군산시의 경계를 이루는 곳이죠. 진포 대첩은 '세계 최초의 함포 해전'이라고 불려요. 함포는 '군함에 갖춘 화포'라는 뜻이에요. 진포 대첩이 배에서 화약 무기를 쓴 최초의 전쟁이라는 말이에요.

고려 정부는 백성들의 피해를 줄이기 위해 왜구가 뭍에 오르기 전, 바다에서 쫓을 방법을 찾았어요. 그러려면 무엇보다 화약 무기 개발을 서둘러야 했지요.

하지만 당시 화약 만드는 법은 원나라밖에 몰랐어요. 원나라는 화약 만드는 법을 철저히 비밀에 부쳤고, 화약의 재료인 초석과 유황도 잘 나누어 주지 않았지요.

'최무선 과학관'이에요. 최무선이 태어난 경북 영천에 자리하고 있지요. 최무선 장군의 업적을 기리려고 2009년에 세웠어요.

하지만 최무선이 오랜 노력 끝에 화약 만드는 법을 알아내서 고려는 왜구의 침입을 막을 수 있었어요. 1380년, 최무선이 이끄는 고려군은 진포 대첩에서 왜구를 크게 물리쳤고, 이어 박위 장군이 왜구의 소굴인 쓰시마섬을 토벌하기도 했답니다.

화통도감에서 개발한 다양한 무기

최무선은 화통도감에서 화약뿐만 아니라 다양한 화약 무기들도 만들었어요. 화약을 발사시키는 대장군포, 이장군포, 삼장군포, 육화석포, 화포, 신포, 주화 등 열여덟 종의 무기를 개발했지요.

대장군포는 화약을 쏘는 포인데, 한쪽이 막힌 둥근 통 모양이에요. 이장군과 삼장군은 대장군보다 좀 더 작은 포를 말해요.

육화석포는 운반이 편리하도록 조립식으로 만들어진 포예요.

대장군포예요. 그 위력이 대장군처럼 강하다고 해서 붙은 이름이지요. 주로 적의 성루나 성문, 성벽, 배 등을 부수는 데 쓰였이요.

포를 쏠 때의 불꽃이 여섯 가지 색을 낸다고 하여 육화석포라는 이름이 붙여졌지요.

신포는 신호를 보낼 때 쓰는 화포예요. 밤에는 흑색 화약의 강한 불빛을, 낮에는 검은 연기를 신호로 이용했지요.

주화는 화살의 화약통에 불을 붙여 불화살을 날리는 무기예요. 오늘날의 로켓과 같은 원리로 만들어졌지요.

고려의 과학 기술

고려 시대에는 화약을 만드는 기술뿐 아니라 다양한 과학 기술이 발전했어요. 그중에서도 금속 활자와 고려청자가 대표적이지요.

금속 활자는 금속 윗면에 글자를 볼록 튀어나오게 새긴 틀이에요. 이 활자들을 판에 끼운 뒤 먹물을 묻혀 종이에 찍어 내는 방식으로 인쇄를 할 수 있었지요. 이전에는 나무로 활자를 만들었

고려 시대의 금속 활자예요. 북한 개성의 개인 무덤에서 나왔다고 전해지는 '복'자가 새겨진 활자이지요.

는데, 활자가 갈라져서 오래 쓸 수 없었어요. 이 문제를 해결한 게 고려 시대 때 만들어진 금속 활자예요.

세계 최초의 금속 활자는 1234년에 고려에서 발명되었어요. 『상정고금예문』이라는 책을 금속 활자로 찍어 냈다고 하죠. 하지만 이 책은 지금 전해지지 않아요. 지금까지 남아 있는 세계에서 가장 오래된 금속 활자 인쇄물은 1377년에 고려에서 만들어진

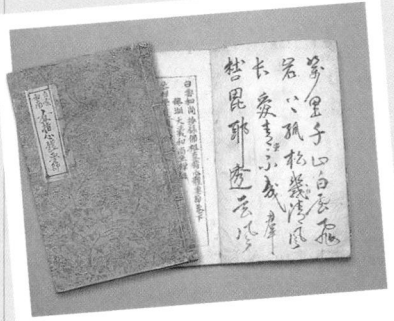

세계에서 가장 오래된 금속 활자본 『직지심체요절』이에요.

『직지심체요절』이랍니다. 이 책은 2001년 유네스코 세계 기록 유산에 올랐지요.

고려 때 금속 활자가 만들어진 것은 여러 가지 기술이 뒤따랐기 때문이에요. 고대 때부터 우수한 청동 가공 기술이 전해 내려왔고, 금속 활자에 적합한 먹과 얇으면서도 질긴 종이를 만드는 기술이 어우러져서 가능했죠.

고려청자는 고려 시대 때 만들어진 푸른빛의 자기를 말해요. 원래 우리나라의 도자기 굽는 법은 중국에서 전해졌어요. 하지만 고려의 도자기 기술은 중국을 뛰어넘었지요. 고려만의 독창적인 기술로 '상감 청자'를 낳게 되었으니까요.

12세기 중반부터 많이 만들어진 상감 청자는 '상감 기법'으로 무늬를 넣은 청자예요. 그릇의 표면을 파서 무늬를 만들고, 하얀 흙이나 붉은 흙을 메워 색깔을 넣은 다음 유약을 발라 굽는 게 바로 상감 기법이지요. 이렇

고려 시대 때 만들어진 「청자 상감 모란 국화 무늬 참외 모양 병」이에요. 우리나라 국보 114호로 지정되어 있는 청자예요. 국화와 모란꽃 무늬를 하얗고 까맣게 '상감 기법'으로 새긴 것이 돋보이지요.

게 하면 아주 아름다운 무늬를 뽐내는 청자가 만들어졌어요. 그때까지 금속 공예품에만 사용되었던 상감 기법을 도자기를 장식하는 데 써서 고려만의 독특한 기술로 발전시킨 거예요.

상감 청자를 만들 때는 이 사진에서처럼 먼저 그릇 표면을 파고서 무늬를 만들어요.

함께 보면 쏙쏙 이해되는 역사

◆ 1325년
고려 말 경상도 영주에서 태어남.

1270　　　　　　　　　　**1320**

● 1270년경
고려가 원나라의 간섭을 받은, 원 간섭기가 시작됨. 이 시기는 이후 70여 년 동안 계속됨.

◆ 1376년경
화약을 만드는 데 성공함.

◆ 1377년
화통도감의 책임자가 되어 화약을 비롯한 각종 화약 무기를 만듦.

◆ 1380년
진포 대첩에서 화포와 화통을 사용해 왜선 오백여 척을 무찌름.

1370　　　　　　　　　　**1380**

● 1377년
화약을 만드는 관청, 화통도감이 세워짐.

● 1377년
금속 활자로 『직지심체요절』을 찍어 냄.

● 1380년
왜구와 고려군이 금강 하구에서 전투를 벌인 진포 대첩이 벌어짐.

● 1389년
화통도감이 문을 닫음.

◆ 최무선의 생애
● 고려 말기의 역사

1350

- 1351년
  공민왕이 고려 31대 왕에 오름.

- 1358년
  고려가 왜구의 침략을 받아 개경까지 위협을 받음.

- 1359년
  홍건적이 고려를 침략함.

1360

- 1361년
  홍건적이 또 고려를 침략함. 수도 개경이 함락함.

◆ 1395년
  조선 태조 4년에 세상을 떠남.

1390

- 1392년
  고려가 멸망하고 조선이 세워짐.

추천사

「새싹 인물전」을 펴내면서

　요즈음 아이들에게 '훌륭한 사람'이 누구냐고 물으면 '돈 많이 버는 사람'이라고 대답한다고 합니다. 초등학생의 태반은 가수나 배우가 되고 싶어 하고요. 돈 많이 버는 사람이나 연예인이라는 직업이 나쁘다는 것이 아니라, 아이들이 각자가 갖고 있는 재능과는 상관없이 모두 똑같은 꿈을 갖는 것 같아 걱정입니다. 또 한편으로는 아이들이 진정 마음으로 닮고 싶은 사람에 대한 정보가 부족한 것은 아닌가 하는 생각도 듭니다.

　어릴수록 위인 이야기의 힘은 큽니다. 아직 어리고 조그마한 아이들은 자신이 보잘것없다고 생각하고 위인들의 성공에 감탄합니다. 하지만 그네들에게는 끝없이 열린 미래가 있습니다. 신화처럼 빛나는 위인들의 모습은 아이들에게 훌륭한 역할 모델이 되고, 그런 삶을 살기 위해 무엇을 어떻게 해야 할지를 알려 주는 밝은 등대가 됩니다.

　그렇다면 우리가 어른으로서 아이들에게 권해야 할 위인전은 무엇일까요? 보통 우리가 생각하는 '위인'은 훌륭한 업적을 남긴

위대한 사람, 멋지고 능력 있는 사람입니다. 하지만 시대가 변했으니 아이들이 역할 모델로 삼을 수 있는 위인의 정의나 기준도 변해야 할 것입니다.

그런 의미에서 비룡소의 「새싹 인물전」은 종래의 위인전과는 다른 점이 많습니다. 시리즈 이름이 '위인전'이 아닌 '인물전'이라는 데 주목하기 바랍니다. 「새싹 인물전」은 하늘에서 빛나는 위인을 옆자리 짝꿍의 위치로 내려놓습니다. 만화 같은 친근한 일러스트는 자칫 생소할 수 있는 옛사람들의 이야기를 일상에서 만날 수 있는 재미있는 사건처럼 보여 줍니다.

또 하나, 「새싹 인물전」에는 위인전에 단골로 등장하는 태몽이나 어린 시절의 비범한 에피소드, 위인 예정설 같은 과장이 없습니다. 사실 이런 이야기들은 현대를 사는 아이들에게는 황당하고 이해하기 힘든 일일 뿐입니다. 그보다는 천 리 길도 한 걸음부터, 큰 성공도 자잘한 일상의 인내와 성실함이 없었다면 이루어질 수 없었다는 것을 알려 주는 것이 중요합니다. 세상 사람들의 우러름을 받는 이들도 여느 아이들과 같은 시절을 겪었음을 보여 줌으로써, 아이들에게 괜한 열등감을 주지 않고 그네들의 모습을 마음속에 담을 수 있도록 해 주는 것입니다.

 덧붙여 위인전이란 그 인물이 얼마나 훌륭한 업적을 남겼는가 보여 주는 것도 중요하지만, 얼마나 참된 인간다움을 보였는가를 알려 줄 필요도 있습니다. 여기서 '인간다움'이란 기본적인 선함과 이해심, 남을 위해 봉사할 수 있는 사랑과 배려, 그리고 한 가지 목표를 설정하고 앞으로 나아갈 수 있는 의지와 용기를 말합니다. 성취라는 결과보다는 성취하기 위한 과정을 보여 주고, 사회적인 성공보다는 한 인간으로서 얼마나 자기 자신에게 철저하고 진실했는지를 보여 주는 것이 중요하다는 것입니다.

 하지만 아무리 좋은 가르침도 사랑과 따뜻함이 없으면 억누름과 상처가 될 뿐이겠지요. 「새싹 인물전」은 나의 노력과 의지에 따라 얼마든지 의미 있는 삶을 살 수 있음을 알려 줍니다. 내가 알고 있는 삶 외에도 또 다른 삶이 존재할 수 있다는 것, 꿈을 키우고 이루어 가는 과정에서 배우고 경험하게 되는 것들의 가치, 그런 따뜻함을 담고 있는 위인전입니다. 부디 이 책이 삶의 첫발을 내딛는 아이들에게 좋은 길잡이가 되었으면 하는 바람입니다.

기획 위원
박이문(전 연세대 교수, 철학)
장영희(전 서강대 교수, 영문학)
안광복(중동고 철학 교사, 철학 박사)

● 사진 제공

64~65쪽_ 연합 뉴스. 66쪽_ 육군 박물관. 67~68쪽_ 국립 중앙 박물관. 69쪽_ 토픽 포토 에이전시.

글쓴이 김종렬

경기도 파주에서 태어나 중앙 대학교 문예 창작학과를 졸업했다. 2002년 『날아라, 비둘기』로 황금도깨비상을 받았다. 지은 책으로 『길모퉁이 행운돼지』, 『내 동생은 못 말려』, 『난생신화 조작 사건』, 『해바라기 마을의 거대 바위』, 『우리의 소원은 독립이오』, 『정조 대왕』, 『이순신』 등이 있다.

그린이 이경석

부산에서 태어났다. 대학에서 시각 디자인을 공부했으며 지금은 만화를 그리고 어린이 책에 그림을 그린다. 쓰고 그린 책으로 『을식이는 재수 없어』, 『전원교향곡』이 있으며, 그린 책으로 『퀴즈, GMO!』, 『난 노란 옷이 좋아!』, 『찾았다, 오늘이!』, 『김구』, 『방정환』, 『장영실』 등이 있다.

새싹 인물전
001

최무선

1판 1쇄 펴냄 2008년 7월 10일   1판 18쇄 펴냄 2020년 5월 22일
2판 1쇄 펴냄 2021년 5월 28일   2판 3쇄 펴냄 2024년 1월 18일

글쓴이 김종렬   그린이 이경석
펴낸이 박상희   편집장 전지선   편집 김솔미   디자인 박연미, 시다현
펴낸곳 (주)비룡소   출판등록 1994.3.17. (제16-849호)
주소 06027 서울시 강남구 도산대로1길 62 강남출판문화센터 4층
전화 02)515-2000   팩스 02)515-2007   홈페이지 www.bir.co.kr
제품명 어린이용 각양장 도서   제조자명 (주)비룡소   제조국명 대한민국   사용연령 3세 이상

ⓒ 김종렬, 이경석, 2008. Printed in Seoul, Korea.

ISBN 978-89-491-2881-8 74990
ISBN 978-89-491-2880-1 (세트)

「새싹 인물전」 시리즈

- 001 **최무선** 김종렬 글 이경석 그림
- 002 **안네 프랑크** 해리엇 캐스터 글 헬레나 오웬 그림
- 003 **나운규** 남찬숙 글 유승하 그림
- 004 **마리 퀴리** 캐런 월리스 글 닉 워드 그림
- 005 **유일한** 임사라 글 김홍모·임소희 그림
- 006 **윈스턴 처칠** 해리엇 캐스터 글 린 윌리 그림
- 007 **김홍도** 유타루 글 김홍모 그림
- 008 **토머스 에디슨** 캐런 월리스 글 피터 켄트 그림
- 009 **강감찬** 한정기 글 이홍기 그림
- 010 **마하트마 간디** 에마 피시엘 글 리처드 모건 그림
- 011 **세종 대왕** 김선희 글 한지선 그림
- 012 **클레오파트라** 해리엇 캐스터 글 리처드 모건 그림
- 013 **김구** 김종렬 글 이경석 그림
- 014 **헨리 포드** 피터 켄트 글·그림
- 015 **장보고** 이옥수 글 원혜진 그림
- 016 **모차르트** 해리엇 캐스터 글 피터 켄트 그림
- 017 **선덕 여왕** 남찬숙 글 한지선 그림
- 018 **헬렌 켈러** 해리엇 캐스터 글 닉 워드 그림
- 019 **김정호** 김선희 글 서영아 그림
- 020 **로버트 스콧** 에마 피시엘 글 데이브 맥타가트 그림
- 021 **방정환** 유타루 글 이경석 그림
- 022 **나이팅게일** 에마 피시엘 글 피터 켄트 그림
- 023 **신사임당** 이옥수 글 변영미 그림
- 024 **안데르센** 에마 피시엘 글 닉 워드 그림
- 025 **김만덕** 공지희 글 장차현실 그림
- 026 **셰익스피어** 에마 피시엘 글 마틴 렘프리 그림
- 027 **안중근** 남찬숙 글 곽성화 그림
- 028 **카이사르** 에마 피시엘 글 레슬리 뷔시커 그림
- 029 **백남준** 공지희 글 김수박 그림
- 030 **파스퇴르** 캐런 월리스 글 레슬리 뷔시커 그림
- 031 **유관순** 유은실 글 곽성화 그림
- 032 **알렉산더 벨** 에마 피시엘 글 레슬리 뷔시커 그림
- 033 **윤봉길** 김선희 글 김홍모·임소희 그림
- 034 **루이 브라유** 테사 포터 글 헬레나 오웬 그림
- 035 **정약용** 김은미 글 홍선주 그림
- 036 **제임스 와트** 니컬라 백스터 글 마틴 렘프리 그림
- 037 **장영실** 유타루 글 이경석 그림
- 038 **마틴 루서 킹** 베르나 윌킨스 글 린 윌리 그림
- 039 **허준** 유타루 글 이홍기 그림
- 040 **라이트 형제** 김종렬 글 안희건 그림
- 041 **박에스더** 이은정 글 곽성화 그림
- 042 **주몽** 김종렬 글 김홍모 그림
- 043 **광개토 대왕** 김종렬 글 탁영호 그림
- 044 **박지원** 김종광 글 백보현 그림
- 045 **허난설헌** 김은미 글 유승하 그림
- 046 **링컨** 이명랑 글 오승민 그림
- 047 **정주영** 남경완 글 임소희 그림
- 048 **이호왕** 이영서 글 김홍모 그림
- 049 **어밀리아 에어하트** 조경숙 글 원혜진 그림
- 050 **최은희** 김혜연 글 한지선 그림
- 051 **주시경** 이은정 글 김혜리 그림
- 052 **이태영** 공지희 글 민은정 그림
- 053 **이순신** 김종렬 글 백보현 그림
- 054 **오드리 헵번** 이은정 글 정진희 그림
- 055 **제인 구달** 유은실 글 서영아 그림
- 056 **가브리엘 샤넬** 김선희 글 민은정 그림
- 057 **장 앙리 파브르** 유타루 글 하민석 그림
- 058 **정조 대왕** 김종렬 글 민은정 그림
- 059 **나폴레옹 보나파르트** 남찬숙 글 남궁선하 그림
- 060 **이종욱** 이은정 글 우지현 그림

- 061 **박완서** 유은실 글 이윤희 그림
- 062 **장기려** 유타루 글 정문주 그림
- 063 **김대건** 전현정 글 홍선주 그림
- 064 **권기옥** 강정연 글 오영은 그림
- 065 **왕가리 마타이** 남찬숙 글 윤정미 그림
- 066 **전형필** 김혜연 글 한지선 그림
- 067 **이중섭** 김유 글 김홍모 그림
- 068 **그레이스 호퍼** 박주혜 글 이해정 그림

* 계속 출간됩니다.